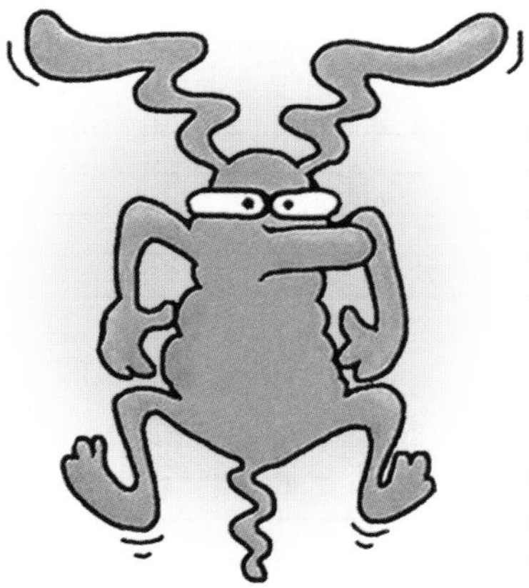

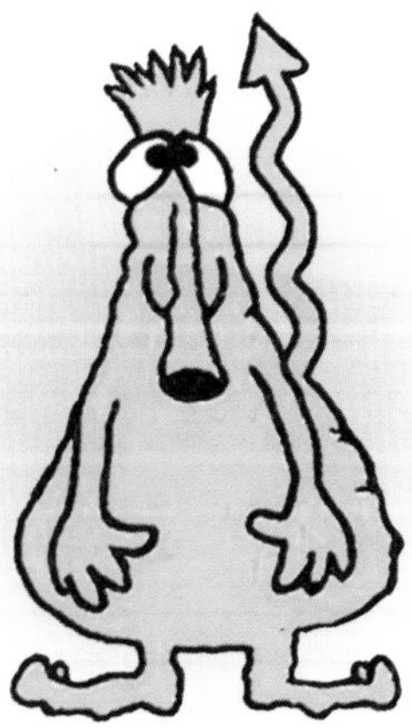

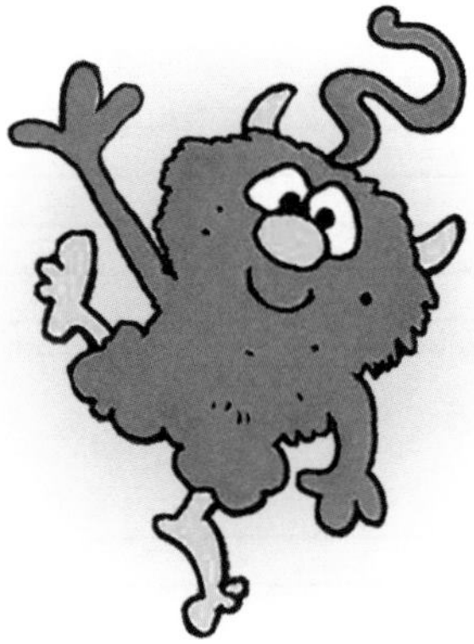

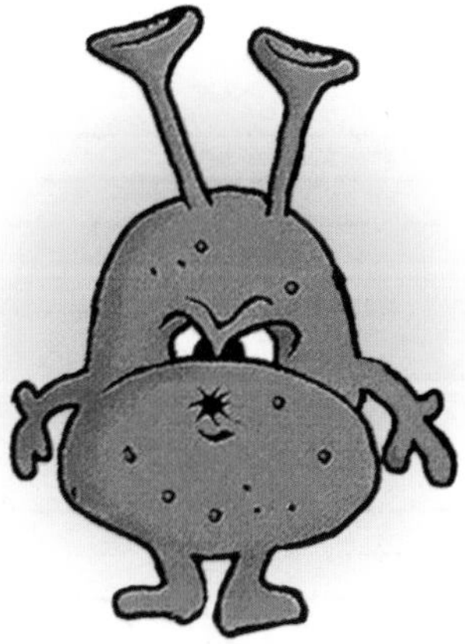

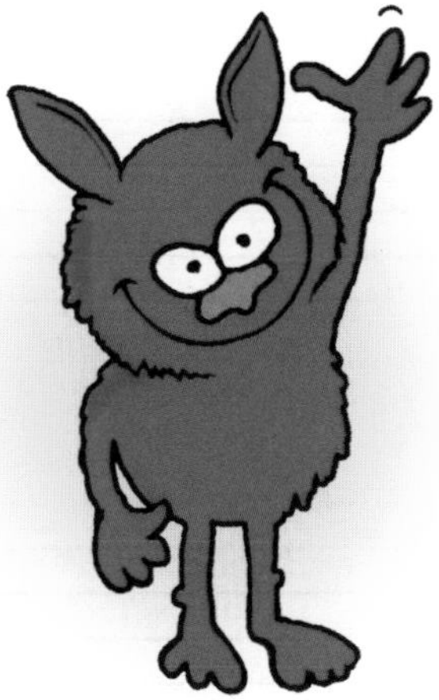

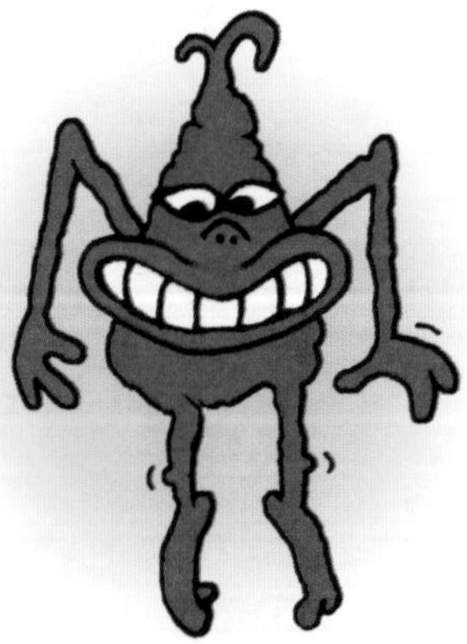

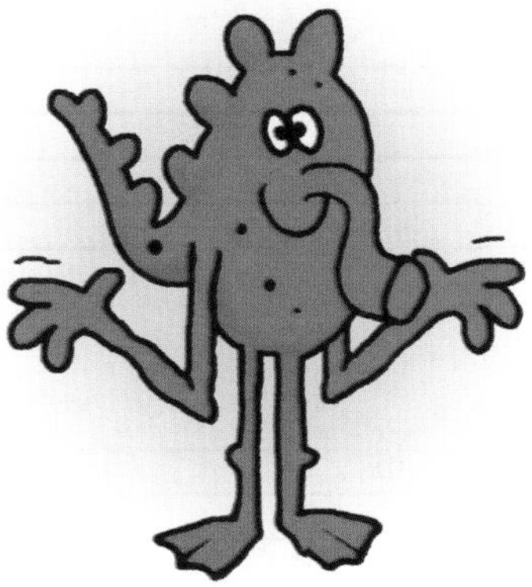

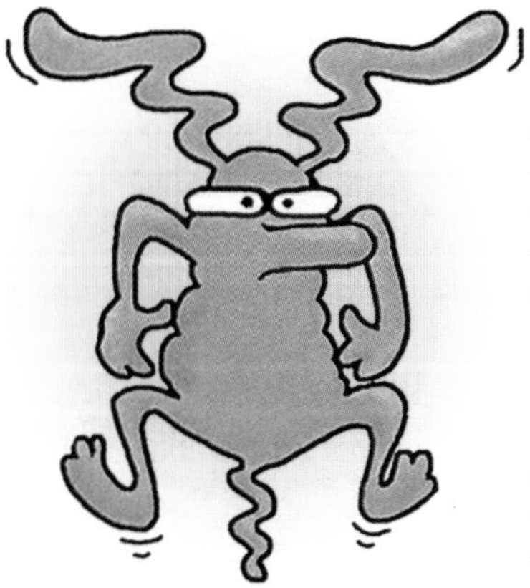

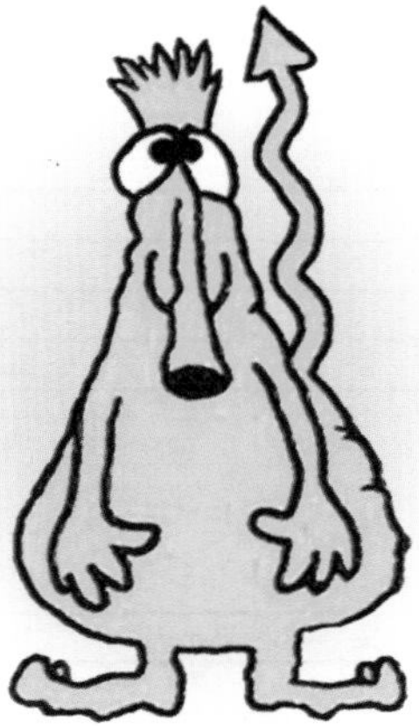

HL00138050

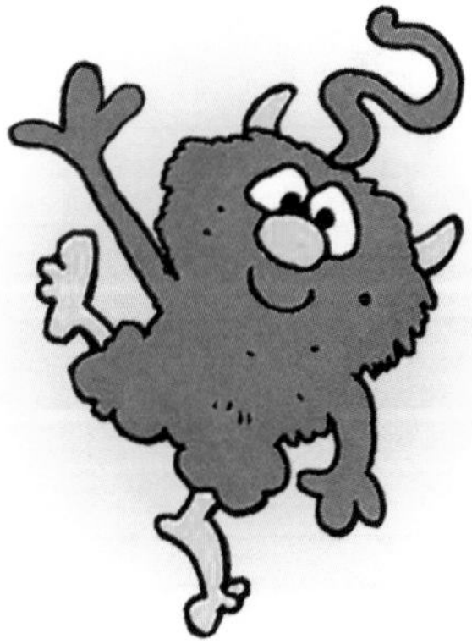

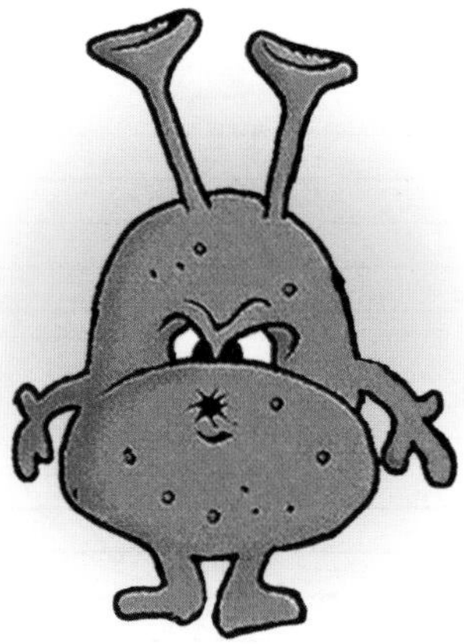

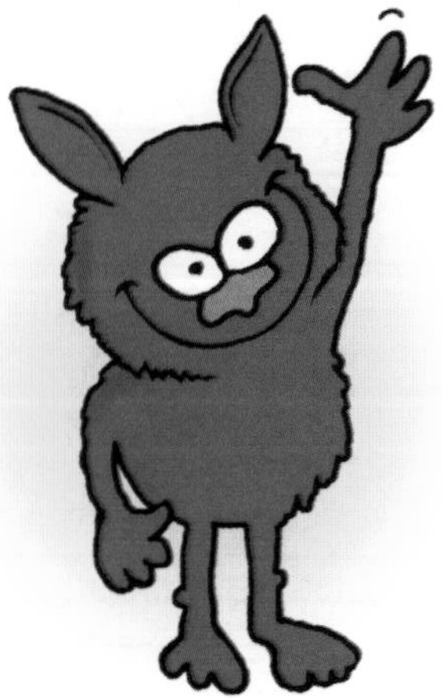

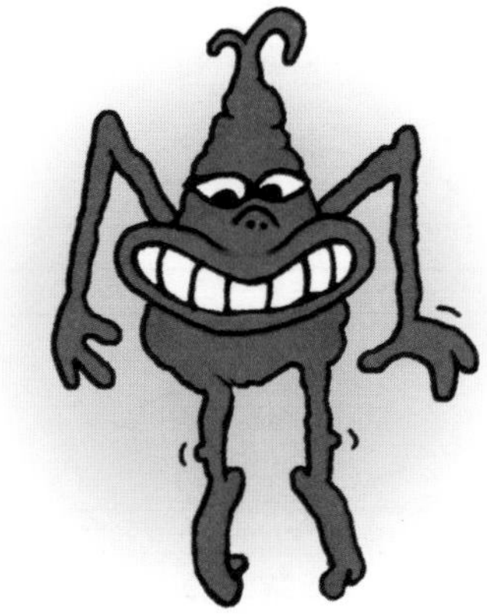

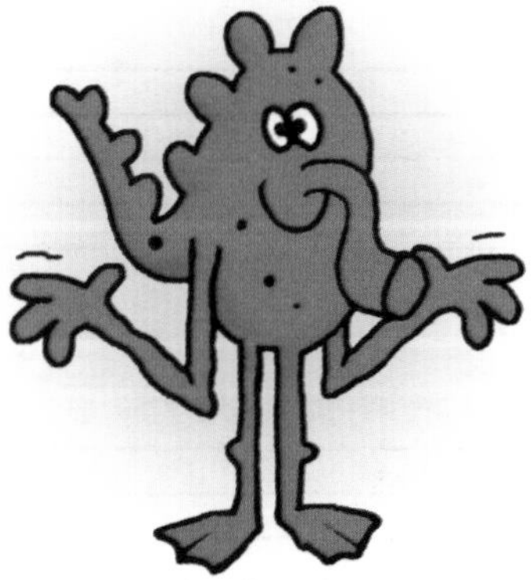

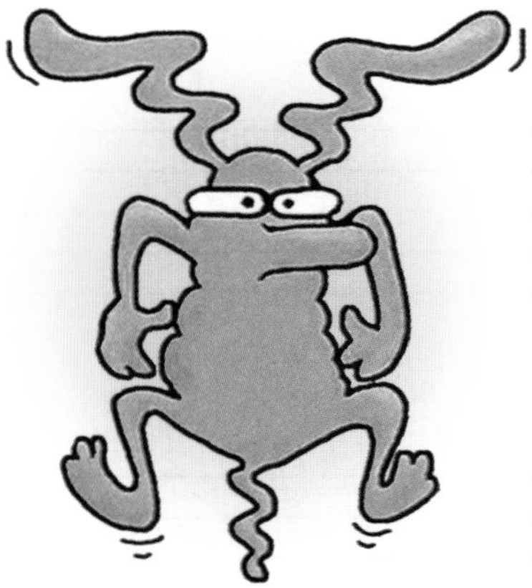

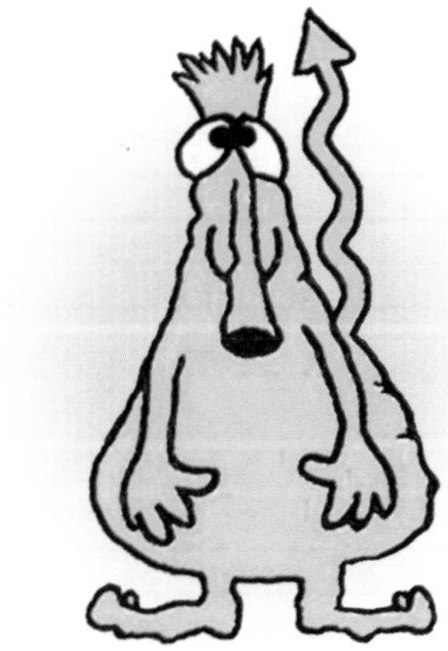

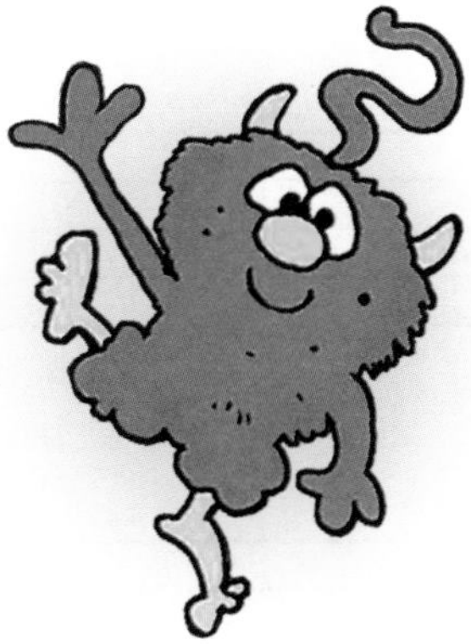

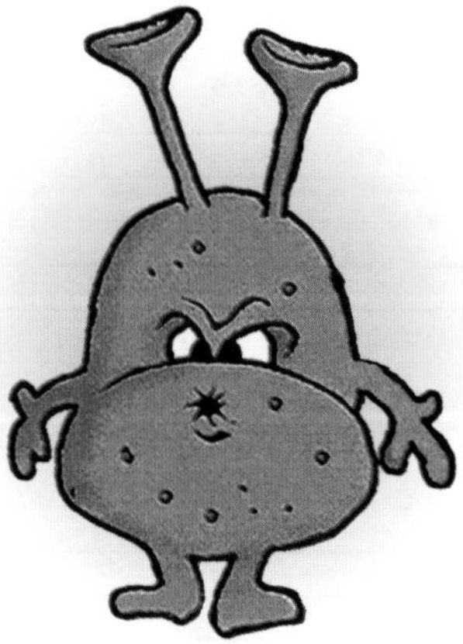

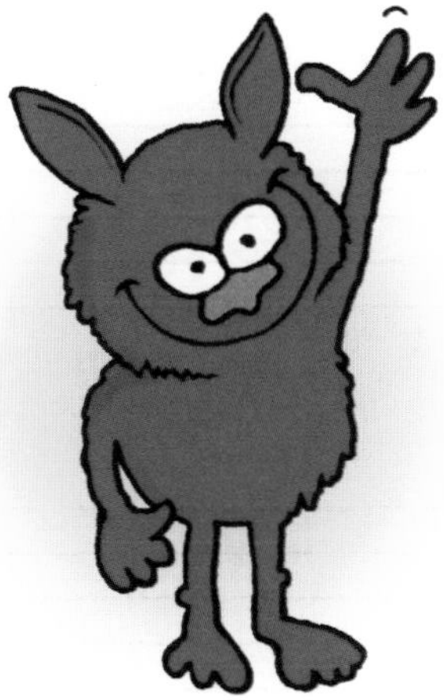

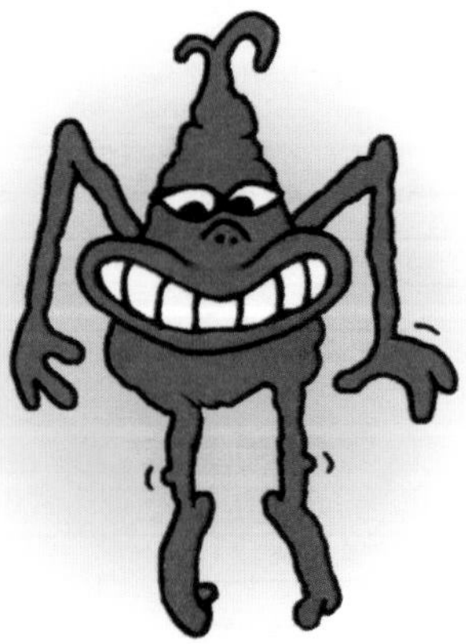

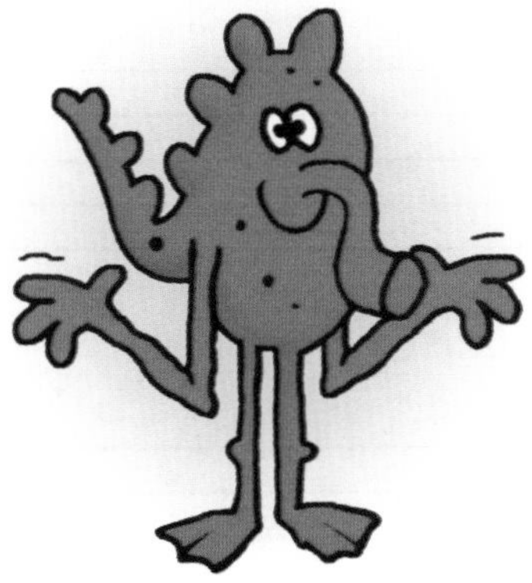

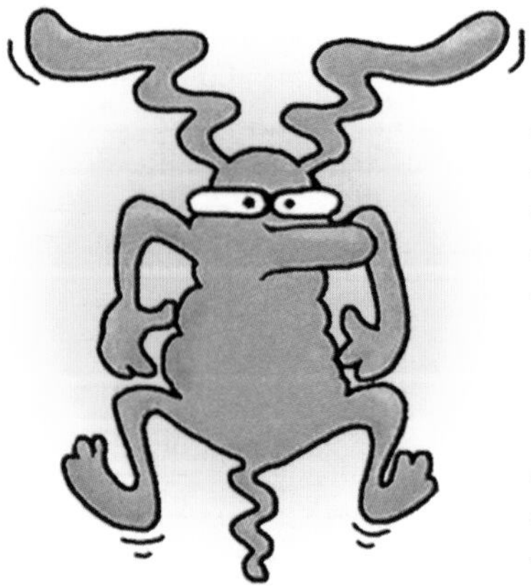

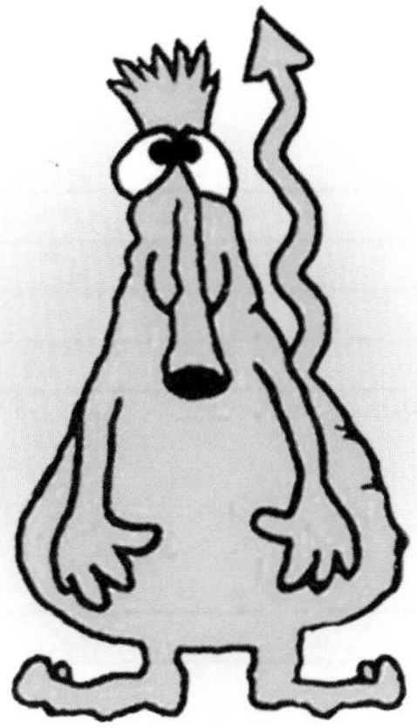

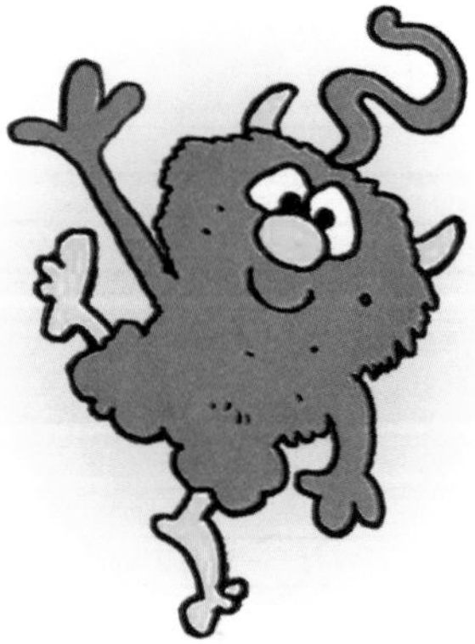

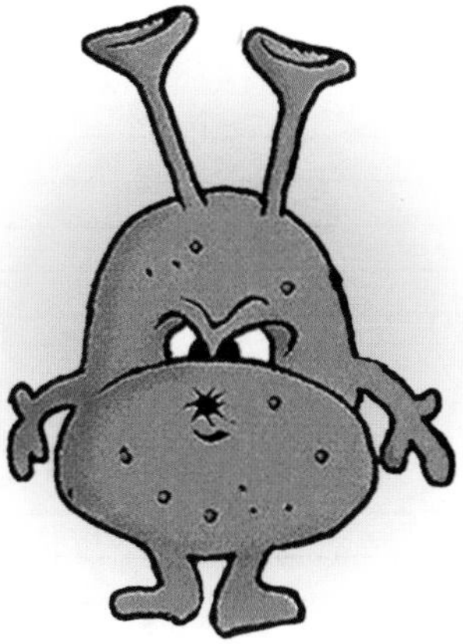

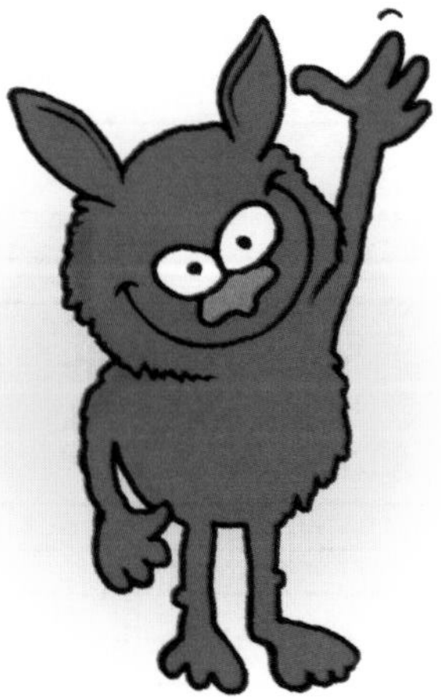

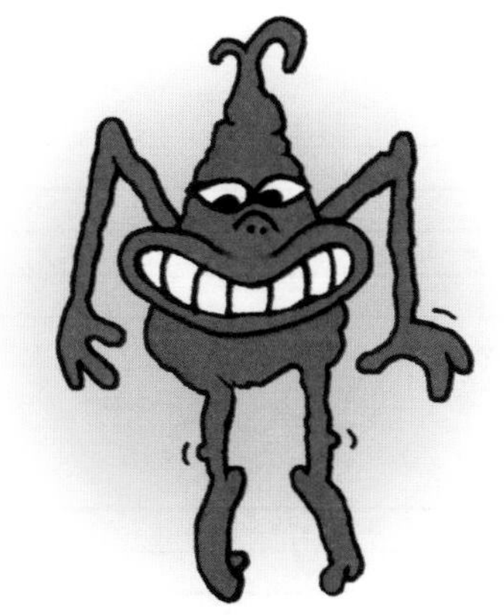

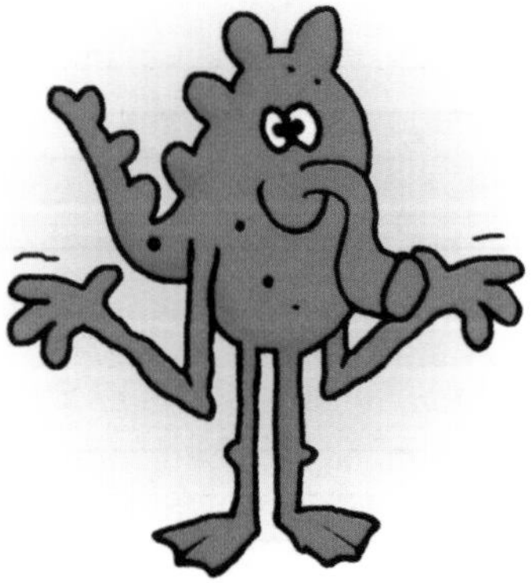

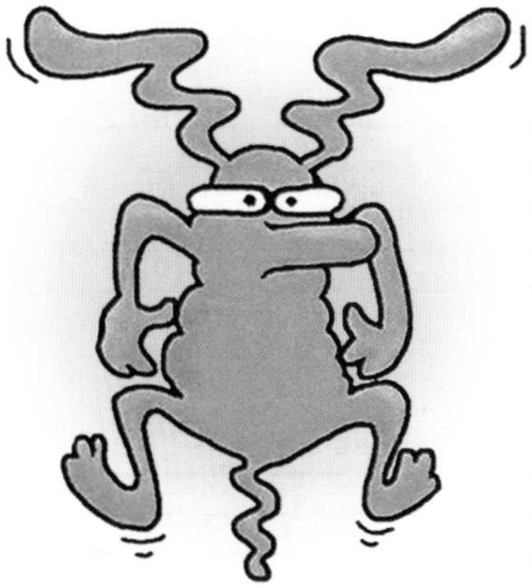

HL00138050

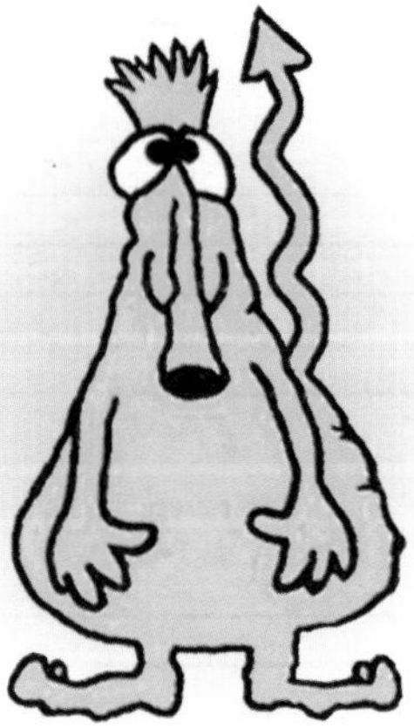

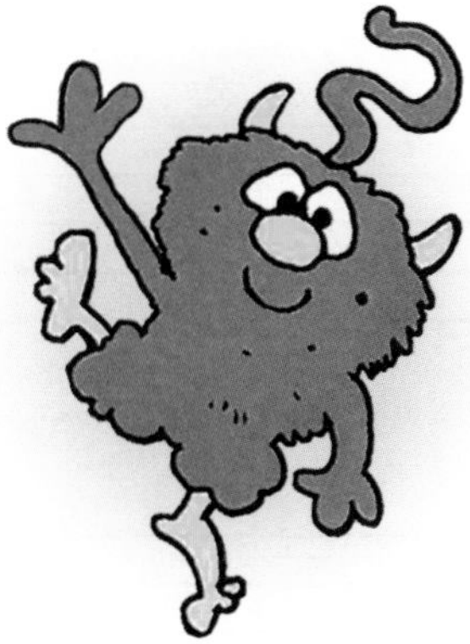

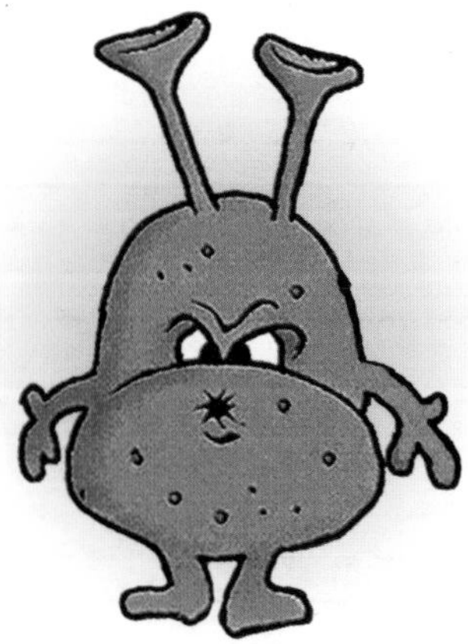